L'ÉPÉE

DE NAPOLÉON.

L'ÉPÉE DE NAPOLÉON.

LETTRE

A

M. LE GÉNÉRAL BERTRAND,

PAR

F.-M. PATORNI,

Avocat à la Cour royale de Paris.

Paris,

IMPRIMERIE DE L.-E. HERHAN,

380, RUE SAINT-DENIS.

1833.

F.-M. Patorni, avocat à la Cour royale de Paris,

A Monsieur le Général Bertrand,

Ancien Grand-Maréchal de Napoléon.

MONSIEUR LE GRAND-MARÉCHAL,

Vous avez publié une lettre au sujet des armes de l'empereur Napoléon (*a*), dans laquelle se trouvent quelques pensées que je rendrai en termes aussi clairs qu'il me sera possible : et je prendrai la liberté de les faire suivre d'observations que je crois catégoriques.

Il n'est point vrai, d'après vous, qu'il se soit élevé un débat quelconque relativement aux armes du héros des temps modernes.

La conséquence à tirer de cette déclaration, est que les avocats rédacteurs du Mémoire et des consultations publiés dans les journaux, ont sciemment induit le public en erreur.

Comment n'avez-vous pas réfléchi, M. le Grand-Maréchal, que le caractère des jurisconsultes qui ont pris part aux consultations, repousse la supposition de votre lettre? Comment n'avez-vous pas aperçu en même temps que cette supposition est contredite par les pièces originales émanées du roi Joseph et insérées textuellement dans mon Mémoire à consulter?

Quoi qu'il en soit, voyons de quoi il s'agit.

En novembre 1832, le frère aîné de l'Empereur reçoit, à Londres, une lettre de M. Marchand, l'un des exécuteurs testamentaires de Napoléon. Dans cette lettre, Marchand annonce qu'après la mort du Roi de Rome, il a dû aviser au moyen de vider légalement ses mains du dépôt qui lui avait été confié à Sainte-Hélène. Qu'à cet effet, il a consulté M. le président Lepoitevin, à Paris, et M. le conseiller Raspiller, à Colmar.— Qu'après examen, ces messieurs, bien qu'éloignés l'un de l'autre, se sont trouvés d'accord pour décider que la succession toute *mobiliaire* du Roi de Rome, étant régie par la loi autrichienne, l'impératrice Marie-Louise était SEULE appelée à la recueillir.

« Cela étant, ajoute M. Marchand, je ne » crois pas pouvoir me dispenser de restituer » le dépôt dont je suis nanti, à l'impératrice » Marie-Louise, *qui m'a déjà écrit de le remettre* » *à l'ambassadeur d'Autriche, près la cour de* » *Bade.* »

Cependant un scrupule est survenu après coup à M. Marchand. Le chef de la famille paternelle du Roi de Rome est à Londres : il lui demande s'il n'aurait pas quelque objection à faire.

La réponse du roi Joseph est pleine de noblesse et de dignité. Deux magistrats de cour souveraine ont décidé que la succession *mobiliaire* du Roi de Rome appartient à Marie-Louise. Les armes de l'Empereur sont des *meubles;* donc, d'après ces magistrats, l'épée d'Austerlitz et de Marengo doit être remise à l'archiduchesse d'Autriche. Or, comme la mère du Roi de Rome a déjà écrit à Marchand de remettre à l'ambassadeur autrichien, à Bade, tous les objets *mobiliers* dont il est nanti, la conséquence à tirer de ce fait, est que les dépositaires des autres objets *mobiliers* seront bientôt invités à faire une pareille remise; et parmi ces dépositaires, se trouve le général Bertrand, à qui furent confiées les armes immortelles du héros!....... Cette idée soulève d'une noble indignation le chef de la famille de Napoléon. Il s'agit de faire décider un principe de droit public ou privé; il s'oppose à la remise demandée, et provoque l'avis des premiers jurisconsultes du barreau de Paris. — Si le principe qui sera proclamé doit s'appliquer à tous les objets *mobiliers* quelconques de la succession, on conçoit que le roi Joseph, dédaigneux de tout le reste, ait principalement pour objet de sauver les armes, de conserver à la France l'épée de Marengo et d'Austerlitz.

BIBLIOTHÈQUE NATIONALE R.F.

C'est dans ce sens que mon Mémoire à consulter fut rédigé, que les consultations furent délibérées. — Personne ne s'avisa de faire accroire qu'un procès était *déjà* engagé. — On annonça, au contraire, qu'il s'agissait de prévenir un débat judiciaire quelconque ; de détourner la mère de Napoléon II de l'idée de prétendre aux objets *mobiliers* déposés aux mains de l'exécuteur testamentaire Bertrand, comme elle venait de prescrire la remise de ceux confiés à la garde de l'exécuteur testamentaire Marchand ; prétention que tout devait faire penser être à la veille d'éclater, ou pour mieux dire, que l'on pouvait considérer comme déjà existante ; car, si Marchand se fût trouvé dépositaire des armes comme il l'était d'une foule d'objets militaires extrêmement précieux, il est évident que l'invitation de Marie-Louise, de remettre le tout à 'ambassadeur d'Autriche, à Bade, se fût appliquée à l'*épée d'Austerlitz*, au *sabre de Sobieski*, au *glaive du Consul*, au *poignard*, comme elle s'appliquait directement,

1° Au réveil-matin de Frédéric II, pris par Napoléon, à Postdam ;

2° Au sceau de France ;

3° Aux deux lits de fer de l'Empereur, dont il a fait usage dans toutes ses campagnes ;

4° Aux trois flacons d'argent : « Où l'on mettait mon eau-de-vie (dit Napoléon), que portaient mes chasseurs en campagne; »

5° Aux trois uniformes de l'Empereur, de *grenadier*, de *chasseur*, de *garde national*;

6° A la célèbre capote grise;

7° A ses chapeaux non moins célèbres;

8° Au manteau bleu de Marengo;

9° A la lunette de guerre de Napoléon;

10° A ses éperons;

Tous objets dont Marchand est dépositaire, qu'il a offerts à Marie-Louise, et que Marie-Louise a déclaré accepter comme elle aurait accepté les armes; objets dignes de figurer dans un dépôt national en France, et sur lesquels l'Autriche ne doit pas plus avoir de droits qu'elle n'en a sur le glaive, le sabre, le poignard et l'épée.

Vous commettez donc une grave erreur, M. le Grand-Maréchal, lorsque vous dites que Marie-Louise ne fit jamais aucune demande des armes, ni directe, ni *indirecte*.

Au reste, les consultations précitées, tout en paralysant une demande qui n'aurait pu avoir que des résultats fâcheux pour ses auteurs, ont eu l'avantage de fixer l'état de la question, non seulement sur les armes, mais encore sur tous les autres objets de la succession du Roi de Rome. — Il n'est point exact de dire, en effet, comme l'avaient prétendu les deux magistrats consultés par Marchand (1), que cette succession soit dévolue exclusivement à Marie-Louise; la succession s'étant ouverte sous l'empire des lois françaises, elle se divise en deux portions égales: l'une, pour la branche paternelle; l'autre, pour la branche maternelle. Un partage légal doit donc avoir lieu; et l'on ne doit point douter que les membres de la famille de Napoléon ne prennent des dispositions pour que tous les objets auxquels s'attachent des souvenirs glorieux pour la France, ne deviennent pour elle un dépôt sacré. — Aux étrangers, l'argent; à nous, la gloire !

Vous vous étonnez dans votre lettre, M. le Grand-Maréchal, qu'aucun des avocats consultans « n'ait pensé qu'il était possible que vous » eussiez demandé ou reçu quelque ordre, in- » jonction ou commandement, sur ce que vous » devriez faire, dans le cas où une mort pré- » maturée du Roi de Rome empêcherait cet en- » fant, prisonnier de guerre et de famille, de » recueillir le legs précieux qui lui était des- » tiné. » Et parce que cette pensée n'est venue à aucun des avocats consultans, vous les accusez d'inattention.

(1) M. le président Lepoitevin a nié l'opinion que lui a prêtée M. Marchand, dans un article publié dans la *Gazette des Tribunaux*.

Sur ce point, je prendrai la liberté de vous soumettre les observations suivantes :

1° Consultés sur une question de droit, les avocats n'avaient à examiner que cette question même ;

2° Consultés par Joseph Napoléon, frère aîné de l'Empereur, ils ne devaient apprécier que les pièces à eux remises par cet illustre proscrit ;

3° Ayant sous les yeux le testament de l'Empereur (*b*), et ne trouvant dans ce testament aucune clause qui donne une destination particulière aux armes, dans le cas où le Roi de Rome ne pourrait point les recueillir, les avocats ont dû raisonner dans l'hypothèse de la non existence d'un acte contraire, acte qui, s'il existe, est encore tenu secret par vous, soit à l'égard de la famille napoléonienne, soit vis-à-vis de la France, toutes deux si intéressées pourtant à le connaître.

Dans un pareil état de choses, nous sera-t-il permis de vous exciter à rompre le silence? Vous avez sans doute pu écrire, l'an passé, à l'un de vos anciens compagnons d'exil, que, « comme » il n'était pas chargé des armes de l'Empereur, » ce n'est pas à lui que la postérité en deman- » dera compte ; »

Mais aujourd'hui que vous proclamez comme

principe de politique européenne que « l'héritage » royal de Napoléon appartient au plus proche » mâle de la parenté paternelle du jeune Roi dé- » funt, » et que cet héritier a exprimé publiquement le désir de voir les armes de son frère « ap- » pendues à la colonne nationale, et confiées à la » garde du peuple de Paris (1) », le silence et l'inaction ne sauraient plus être justifiés.

Votre lettre, M. le Grand-Maréchal, se termine ainsi : « Au reste, ce qu'on a dit, par » hypothèse, d'un replacement de la statue » mi-colossale de Napoléon sur la colonne, » importe peu à sa gloire. Autant qu'Alexandre » et que César, de qui aucune statue n'est res- » tée, s'il y en eût, il vivra dans la mémoire des » hommes. »

Le replacement de la statue de Napoléon sur la colonne n'est point un dire hypothétique, c'est aujourd'hui une réalité. Dans peu de jours, le peuple de Paris et de la France pourra attacher de nouveau ses avides regards sur l'image de celui qui éclipsa les hauts faits d'Alexandre et de César.

Mais, à cette occasion, une douloureuse pensée s'empare de tous les cœurs. Tandis que l'on dresse des statues à Napoléon, ses cendres

(1) Lettre du roi Joseph en date du 28 avril 1833.

dorment proscrites et prisonnières sur le rocher de Sainte-Hélène; et les frères du héros, si jaloux de l'honneur de la France, sont condamnés à vivre sur la terre d'exil, dépouillés par une ordonnance inique qui a rétabli contre eux seuls l'odieuse confiscation abolie par nos lois! Etrange contradiction, dont la monarchie de juillet ne peut plus continuer à donner l'exemple, sans se mettre en opposition directe avec le sentiment national, sentiment que les peuples étrangers partagent sans exception, tant en Europe qu'en Amérique, et dont nos anciens ennemis, eux-mêmes, ne peuvent plus se défendre, aujourd'hui que le grand nom de Napoléon réveille dans tous les cœurs des regrets universels.

J'ai l'honneur d'être,

avec la plus haute estime,

M. le Grand-Maréchal,

votre très humble serviteur,

PATORNI.

Paris, 25 juillet 1833.

P. S.

POST-SCRIPTUM.

Cette lettre allait être publiée, M. le Grand-Maréchal, lorsque votre brochure sur les fortifications de Paris m'a été apportée ; elle contient une note finale ainsi conçue : « Dixi... Je me » trouve personnellement forcé, par l'effet d'une » fausse interprétation que beaucoup de lecteurs, » à ce qu'on m'assure, ont donnée à ma lettre à » M. Perrotin, de faire disparaître une sorte » d'amphibologie politique dont je suis loin » d'être l'auteur, et qui ne peut avoir pour cause » qu'une préoccupation que je ne comprends » pas.

» Le fils du grand Napoléon est mort roi de » Rome. Voilà ce qui est incontestable. Par con- » séquent la royauté de Rome, dont plusieurs » jurisconsultes opinans ont implicitement fait « mention, en rappelant l'auguste titre du jeune » défunt, appartient au plus proche mâle de la » parenté paternelle de ce roi de la ville de Rome » et de ses provinces; et aucun des habiles avocats » qui ont fait des consultations sur le Mémoire » d'un de leurs confrères, n'a pu voir autre chose » dans madite lettre à M. Perrotin, que ce que » j'y ai mis et voulu y mettre. Je parlais unique- » ment de la royauté de Rome, à laquelle royauté

» je continue de croire, comme appartenant, non
» à des prêtres, mais à l'héritier naturel et légi-
» time de Napoléon, fils du héros : croyance bien
» fondée, doctrine qui est celle de tous les cabi-
» nets politiques de l'Europe, etc., etc., mais
» qui n'a de rapport ni à la France, ni au peu-
» ple français, ni à la royauté des barricades. »

Ainsi, d'après vous, monsieur le Grand-Maréchal, le frère aîné de l'empereur, Joseph Napoléon Bonaparte, est aujourd'hui légitimement roi de Rome, et sa sainteté le pape est un *usurpateur*. Croyance bien fondée, dites-vous, *doctrine qui est celle de tous les cabinets politiques de l'Europe*. Il serait donc très légitime, d'après cette manière de raisonner, que les puissances européennes au lieu de reconnaître le pape par leurs ambassadeurs, et de le soutenir, au besoin, par leurs baïonnettes, fissent contre lui une croisade à l'effet de le chasser du Capitole, et mettre à sa place l'aîné des oncles paternels de Napoléon II !

Il n'est rien qu'on ne puisse prouver à l'aide d'une bonne logique, monsieur le Grand-Maréchal, mais je doute fort que vous parveniez à persuader que Napoléon, empereur des Français, ait pu faire un roi légitime à l'étranger, avec ordre de transmissibilité au trône, si lui-même n'était pas légitime en France (et l'on ne peut guère contester qu'il ne le fût), tant dans sa personne que dans ses héritiers.

Il y a même beaucoup de gens qui vous soutiendront, logiquement parlant, que Napoléon, nommé empereur des Français par le vote de 3,521,675 citoyens légalement convoqués, a pu bien plus légitiment transmettre sa couronne de France à son frère aîné Joseph, désigné d'ailleurs nominativement pour le remplacer au trône, à défaut de postérité, (1) que Napoléon II n'a pu transmettre sa royauté de Rome au plus âgé de ses oncles paternels, car le roi de Rome était loin d'avoir été élu par le suffrage du peuple romain comme l'avait été en France l'empereur son père.

Tout ceci, au reste, n'est qu'une polémique sans conséquence, et un mode de raisonnement qui n'exclut aucune opinion, pas même la vôtre, sur la royauté actuelle *de la ville de Rome et de ses provinces*.

PATORNI.

---

(1) Voici comment est conçu l'articl 5 du sénatus-consulte organique du 18 mai 1804 (28 floréal an XII), au titre 11 de l'*hérédité* de la famille impériale. « — A défaut d'héritier naturel et légitime ou d'héritier adoptif de *Napoléon Bonaparte*, » la dignité impériale est dévolue et déférée à *Joseph Bonaparte* et à ses descendans naturels et légitimes, par ordre de » primogéniture et de mâle en mâle, etc... etc...» — Ce document historico-politique en vaut bien un autre.

NOTES.

Voici la lettre de M. le général Bertrand à laquelle il était de mon devoir d'opposer la Réponse qu'on vient de lire.

(*a*) LETTRE DU GÉNÉRAL BERTRAND

A M. PERROTIN.

MONSIEUR,

J'ai ouï dire que vous êtes d'une famille de magistrature et de gens de lettres. Ainsi vous lirez avec un esprit de justice la réclamation que j'ai l'honneur de vous adresser.

Les papiers publics ont annoncé une histoire de Napoléon que vous publiez, Monsieur, d'après des écrits de diverses personnes: personnes fort diverses assurément : gens de guerre, honnêtes écrivains et libellistes diffamateurs. Il y a, dans cette annonce, erreur de fait en ce qui me concerne, erreur du moins jusqu'à présent; et je saisis l'occasion de répéter, ce dont j'ai déjà informé le public, que depuis mon retour en Europe je n'ai fait imprimer, séparément ni en commun, aucun écrit sur l'illustre captif de Sainte-Hélène, dicté par lui ou émané de moi.

Une autre erreur paraît aussi s'être accréditée quant à un prétendu débat qui se serait élevé, relativement aux armes du héros des temps modernes. Je dois à la vérité, Monsieur et Messieurs, de certifier que jamais aucune offre des armes de Napoléon ne fut faite à l'impératrice sa veuve; que jamais elle n'en fit aucune demande directe ni indirecte.

Parmi tant de zélés citoyens, de lumières du barreau, qui ont mis une opinion patriotique sur la destination la plus convenable à ces mêmes armes si glorieuses, un léger manque d'attention pourrait m'étonner. Ce serait que pas un seul de ces hommes habiles, auxquels jamais rien n'échappe ni pour, ni contre, lorsqu'ils sont occupés d'un procès entre simples particuliers, n'ait pensé qu'il était possible que le grand-maréchal de Napoléon eût demandé ou reçu quelqu'ordre, injonction ou commandement, sur ce qu'il devrait faire dans le cas où une mort prématurée du **ROI DE ROME**, empêcherait cet enfant, prisonnier de guerre et de famille, de recueillir le legs précieux qui lui était destiné, sans préjudice aux droits de sa **ROYAUTÉ**, desquels son père jamais ne douta, pas même pendant les six mois de souffrance qui précédèrent son décès; et royauté qui d'ailleurs ne fut jamais contestée à Napoléon père, ni à Napoléon fils, par qui que ce fût, pape ou prince allemand quelconque ; royauté enfin dont l'héritage, dans le langage constant de la politique européenne, appartient évidemment au plus proche mâle de la parenté paternelle du jeune Roi défunt, sur quoi ne paraissent point avoir réfléchi les jurisconsultes très capables dont je vous parlais à l'instant. Je le croirais, du moins, puisqu'ils n'en disent mot dans l'exposition de la conférence, sans contredit remplie de savoir, que j'ai sous les yeux.

Que si on me donnait des conseils sur ce que je dois faire de cette épée de Napoléon, qui coupa tant de nœuds gordiens, je me bornerais à réitérer la réponse que j'écrivis l'an passé, à ce sujet à un de nos anciens compagnons d'exil :

Comme vous n'étiez pas chargé des armes de l'empereur, ce n'est pas à vous que la postérité en demandera compte.

Au reste, ce qu'on a dit, Monsieur, par hypothèse d'un replacement de la statue mi-colossale de Napoléon sur la colonne, importe peu à sa gloire. Autant qu'Alexandre et que César, de qui aucune statue n'est restée, s'il y en eût, il vivra dans la mémoire des hommes.

Recevez, Monsieur, mes salutations patriotiques.

Paris, le 28 mai 1833.

BERTRAND.

(b) EXTRAIT DU TESTAMENT DE NAPOLÉON.

« Je désire que mes cendres reposent sur les bords de la Seine, au milieu de ce peuple français que j'ai tant aimé.....

» Je lègue à mon fils, les boîtes, ordres et autres objets, tels qu'argenterie, lits de camp, ARMES, selles, éperons, vases de ma chapelle, livres, linge qui a servi à mon corps et à mon usage..... Je désire que ce faible legs lui soit cher, comme lui retraçant le souvenir d'un père dont l'univers l'entretiendra.

» Je lègue au comte Bertrand, 500,000 fr.

» Je lègue à Marchand, mon premier valet de chambre, 400,000 fr.

» J'institue les comtes Montholon, Bertrand et Marchand, mes exécuteurs testamentaires.

ÉTAT A JOINT A MON TESTAMENT.

I.

. . . .

II.

. . . .

» 1° Mes armes, savoir : mon épée, celle que je portais à Austerlitz ; le sabre de Sobieski ;

mon poignard, mon glaive, mon couteau de chasse, mes deux paires de pistolets de Versailles.

» 2° Mon nécessaire d'or, celui qui m'a servi le matin d'Ulm, d'Austerlitz, d'Iéna, d'Eylau, de Friedlan, de l'Ile de Lobau, de la Moskowa et de Montmirail. Sous ce point de vue, je désire qu'il soit précieux à mon fils.

» 3° Je charge le comte Bertrand de soigner et conserver ces objets, et de les remettre à mon fils quand il aura seize ans.

III.

» 1° Trois petites caisses d'acajou.....

» 2° Mes lits de camp dont j'ai fait usage dans toutes mes campagnes.

» 3° Ma lunette de guerre.

» 4°..... 5°..... 6°..... 7°.....

» Je charge Marchand, mon premier valet de chambre, de garder ces objets, et de les remettre à mon fils lorsqu'il aura seize ans.

ÉTAT A.

» Inventaire de mes effets que Marchand gardera pour remettre à mon fils.

» 1° Mon nécessaire d'argent.....

» 2° Mon réveil-matin. C'est le réveil-matin de Frédéric II, que j'ai pris à Postdam.

» 4° Mes deux sceaux (un de France enfermé dans la boîte n° 3.)

» 8° Mes deux lits de fer.....

» 9° Mes trois flacons d'argent où l'on mettait mon eau-de-vie que portaient mes chasseurs en campagne.

» 10° Ma lunette de France.

» 11° Mes éperons.

LINGE DE TOILETTE.

. . . .

. . . .

HABILLEMENT.

» Un uniforme chasseur.

» Un *dito* grenadier.

» Un *dito* garde national.

» Deux chapeaux.

» Une capote grise et verte.

» Un manteau bleu (celui que j'avais à Marengo.

» Une zibeline, pelisse verte.

. . . .

. . . .

» Six ceinturons.

CODICILE.

» Sur les fonds remis en or à l'impératrice Marie-

Louise, ma très chère et bien-aimée épouse, elle reste me devoir deux millions.

» Je recommande à l'Impératrice de *faire restituer* au comte Bertrand *les* 30,000 *fr. de rente qu'il possède dans le duché de Parme* et sur le mont Napoléon de Milan, ainsi que les arrérages échus.

Je lègue, sur les deux millions ci-dessus mentionnés, 300,000 fr. au comte Bertrand, sur lesquèls il versera 100,000 fr. dans la caisse du trésorier, pour être employés, selon mes dispositions, à des legs de conscience.

» *Id.* à Marchand, 100,000 fr., sur lesquels il versera 50,000 fr. pour le même usage que dessus.

AUTRE CODICILE.

» Sur la liquidation de ma liste civile d'Italie, je lègue au comte Bertrand 300,000 fr., dont il versera 100,000 fr. dans la caisse du trésorier.

» A Marchand, 100,000 francs, dont il versera 50,000 fr. »

BIBLIOTHEQUE ROYALE I

www.ingramcontent.com/pod-product-compliance
Lightning Source LLC
LaVergne TN
LVHW020455230826
846091LV00008BA/3209

* 9 7 8 2 0 1 1 7 6 6 5 9 5 *